日本共産党第3回中央委員会総会
総選挙勝利をめざす全国決起集会

目次

田村委員長の幹部会報告……3
田村委員長の結語……18
第3回中央委員会総会について　中央委員会書記局……19

第3回中央委員会総会
総選挙勝利をめざす全国決起集会
田村委員長の幹部会報告

2024年9月30日

一、日本共産党躍進のチャンスの選挙——総選挙をたたかう基本姿勢 ……4
・現在の政党状況と日本共産党——頑張りいかんで躍進のチャンスがある 4
・総選挙をたたかう基本姿勢——「比例を軸に」を貫き、党づくりでも必ず前進を 5
二、日本共産党の躍進の国民的意義——要求から出発し、自分の言葉で語りぬこう ……6
・腐敗政治を一掃して、政治に信頼を取り戻す 6
・大企業・大金持ち優遇から、暮らし優先へと政治を変える 7
・日米軍事同盟絶対の「戦争国家」づくりを止め、外交の力で平和をつくる 9
・気候危機打開——試金石は石炭火力と原発への態度 10
・日本共産党をのばし、ジェンダー平等を求めるムーブメントをともに進めよう 10
三、市民と野党の共闘の現状と日本共産党の立場 ……11
・安保法制廃止が明瞭でなくなるなら、共闘の土台が根本から損なわれる 11
・日本共産党の躍進で、市民と野党の共闘の新たな発展の流れをつくろう 12
四、日本共産党綱領の生命力、未来社会の魅力を大いに語りぬこう ……13
・「共産主義と自由」を学び語り合う大運動に、大志とロマンをもってとりくもう 13
・欧州歴訪の成果をつかみ、選挙勝利に生かそう 14
五、「比例を軸に」——「総選挙必勝大作戦」をよびかける ……14
・「比例を軸に」——得票目標達成を正面にすえつつ、議席を確実に積み上げる 14
・「総選挙必勝大作戦」をよびかける 15
党大会後の全党の努力をいまこそ総結集し、花開かせよう ……17

中央役員のみなさん、全国でオンラインで視聴されているみなさん、こんにちは。連日の奮闘に心からの敬意を表します。

報告に先立ち、石川・能登豪雨災害で犠牲になった方々に心よりお悔やみを申し上げ、被災された方々に心からのお見舞いを申し上げます。

地震と豪雨の例を見ない大災害の連続によって、能登地方のみなさんは、物理的にも精神的にも大きなダメージを受けておられます。地震からの復旧の遅れが、豪雨被害を大きくしたとの指摘もあります。国の責任はきわめて重く、災害復旧を急いで進めるとともに、能登で暮らしていくことに希望が持てる支援策をただちに示すことが求められています。

日本共産党は、被災地での支援活動に取り組むとともに、政府に対してその責任を果たすよう強く求めていきます。地震・豪雨災害からの復旧・復興へ、全力をあげる決意を表明するものです。

それでは、幹部会を代表して報告を行います。

自民党総裁選挙で石破茂新体制がつくられました。石破氏は、衆院選について「10月27日投開票」の方針を固めたとの動きになっています。疑惑隠し、争点隠し、あまりの党利党略は許しがたいといわなければなりませんが、わが党は、解散・総選挙を迎え撃ち、躍進のために全力をあげようではありませんか。これからの一日一日が、勝利をかちとれるかどうかに直結する、歴史的時期に私たちは立っています。この会議の目的は、すべての党員が、後援会員・ＪＣＰサポーター・支持者のみなさんとともに、総選挙必勝に総決起することにあります。

一、日本共産党躍進のチャンスの選挙——総選挙をたたかう基本姿勢

現在の政党状況と日本共産党——頑張りいかんで躍進のチャンスがある

現在の政党状況とのかかわりで、今度の総選挙は、次の三つの点で、これからの頑張りいかんでは、日本共産党の躍進のチャンスの選挙であることをしっかりつかんで奮闘することをよびかけるものです。

第一は、自民党政治の行き詰まりがきわめて深刻だということです。岸田首相の政権投げ出しは、裏金問題への無反省、国民の生活苦への無為無策、憲法を破壊する大軍拡など、自民党政治に対して国民の批判が噴出し、追い詰められた結果でした。

ところが、新総裁となった石破氏は、この行き詰まりをどう打開するのかを、何一つ示すことができません。裏金問題、統一協会との癒着への再調査を拒否し、真相解明に背を向ける姿勢をあらわにしています。経済では、岸田政権の経済政策を継承する立場を示しましたが、これは経済無策を引き継ぐことを宣言したのと同じ

です。安全保障では、「アジア版NATO」、「核共有」を掲げ、軍事同盟強化と大軍拡、憲法9条改憲で、これまでの政権を上回る軍事突出の危険な方針を公言しています。政権の表紙を替えても、国民の信頼回復も、切実な暮らしの要求、平和への願いにもこたえることはできず、国民との矛盾は広がらざるをえません。

第二は、自民党政治の補完勢力の凋落《ちょうらく》です。維新の会、国民民主党などの補完勢力は、日米軍事同盟強化、大軍拡、改憲の旗を振り、原発再稼働・新増設でも、自民党政治を促進する役割を果たしてきました。前回の総選挙では、その役割を「改革」の名でごまかし、自民党批判の声の一部を、維新の会が吸収し、自公政権の延命に手を貸す結果となりましたが、いまやごまかしはすっかりはがれ落ちたのではないでしょうか。

第三は、こうした政党状況のもとで、財界・大企業の利益最優先、アメリカいいなり・日米軍事同盟絶対という、自民党政治の二つのゆがみを大本から変える大改革をすすめる日本共産党の先駆的立場が際立っているということです。自公政権とその補完勢力に対して、正面から対決し、全国津々浦々で草の根の運動に取り組んでいる政党は、日本共産党をおいてほかにはありません。日本共産党がいま議席をのばさなくて、どうするか――これが今日の日本の政治情勢です。

総選挙をたたかう基本姿勢――「比例を軸に」を貫き、党づくりでも必ず前進を

歴史的なチャンスを、現実の日本共産党躍進に実らせるために、次の基本的姿勢を貫くことをよびかけます。

第一は、「比例を軸に」を貫くことです。「650万票、10％以上」の獲得、すべての比例ブロックでの議席獲得と議席増をめざしましょう。小選挙区では、沖縄1区の「オール沖縄」の「宝の議席」を必ず守り抜こうではありませんか。現時点で209人を擁立している小選挙区のすべてで、その勝利をめざすとともに、比例代表での躍進を、小選挙区のたたかいでも中軸にすえ、党の総力をあげて奮闘しましょう。

第二は、この総選挙を、国民とともにたたかう選挙にし、党づくりでも必ず前進をかちとることです。総選挙で、私たちは、最も広く国民への働きかけを行うことになります。この選挙を広い国民とともにたたかう選挙にすることと一体に、党勢拡大の独自の追求をはかるならば、選挙戦のなかでこそ党を強く大きくすることができます。党大会で決めた党勢拡大の目標を、選挙戦のなかでも握って離さず、選挙で勝つことと、強く大きな党をつくることを、一体的に推進するかつてないたたかいに挑戦しようではありませんか。

二、日本共産党の躍進の国民的意義――要求から出発し、自分の言葉で語りぬこう

総選挙で日本共産党が躍進することは、国民にとってどういう意味を持つのか。国民の切実な願いから出発し、日本共産党躍進の国民的意義を、自分の言葉で語りぬいていくことが大切になります。そのポイントを述べます。

腐敗政治を一掃して、政治に信頼を取り戻す

第一に、日本共産党の躍進は、腐敗政治を一掃し、政治に信頼を取り戻す、もっとも確かな力になるということです。

石破新体制の自民党は、裏金問題にも統一協会との癒着にもフタをし、腐敗政治の大本にある企業・団体献金にしがみついています。この党には腐敗政治の「改革」を1ミリも期待できないことはすでに明らかです。

この問題での日本共産党の役割を二つの点で訴えていきましょう。

一つは、裏金問題を暴露し、国会内外で追及し、自民党を窮地に追い詰めたのは、日本共産党と「しんぶん赤旗」だということです。日本ジャーナリスト会議は、今年のＪＣＪ大賞に「赤旗」日曜版の裏金スクープを選び、その受賞理由に、「しんぶん赤旗」が、「公開されている膨大な政治資金報告書から、一つ一つを地道に積み上げ、検察の捜査までつなげ、それが大政治犯罪であることを明らかにした」ということをあげました。自民党の「大政治犯罪」を明らかにした党と「しんぶん赤旗」の役割に誇りをもって、この党をのばしてこそ腐敗政治の根を断てると大いに国民に訴えていこうではありませんか。

いま一つは、日本共産党が、腐敗政治の大本にある企業・団体献金の禁止を一貫して主張し、自らも実践してきた党だということです。30年前、金権腐敗事件が相次ぐなかで「政治改革」が叫ばれましたが、この時、他党が問題を小選挙区制導入にすりかえ、企業・団体献金を温存するなかで、その全面禁止を主張したのは日本共産党だけでした。しかし、党がこの主張を一貫して掲げ、法案を提出し続けるなかで、いまや企業・団体献金の禁止は国民多数の世論となり、他の野党にも広がり、反対は自民党だけとなっています。この問題でもここまで追い詰めたのは日本共産党です。

日本共産党の躍進こそ、腐敗政治の根を断ち、金で動く汚い政治をただす確かな力だと訴えぬいていこうではありませんか。

大企業・大金持ち優遇から、暮らし優先へと政治を変える

第二に、日本共産党の躍進は、大企業・大金持ち優遇から、暮らし優先へと政治を変える最良の保障です。

日本社会の貧富の格差拡大は、きわめて深刻です。一方で、物価高騰に賃金と年金が追いつかず、政府の調査でも「生活が苦しい」と訴える国民は６割にも及んでいます。他方で、大企業と大資産家には、空前の富が蓄積しています。これは、「異次元の金融緩和」、労働法制の規制緩和による非正規ワーカーの拡大、大企業・大金持ち減税と消費税増税を進めてきた、自民党政治による「人災」と言わなければなりません。

大企業・大金持ち優遇を切り替え、暮らし優先で経済を立て直す、包括的な政策を明らかにしているのは、日本共産党だけです。総選挙では、「経済再生プラン」――①賃上げと労働時間の短縮……人間を大切にする働き方改革、②消費税減税、社会保障充実、教育費負担軽減……暮らしを支え、格差をただす税・財政改革、③気候危機打開、エネルギーと食料自給率向上……持続可能な経済社会への改革――を訴えの基本におき、国民の切実な願いを実現する希望を自由闊達《かったつ》に語っていきましょう。

そのうえで、いくつかの新しい問題についてポイントを報告します。

賃上げと一体に労働時間の短縮を――国民の願いから出発して大いに語ろう

日本共産党は、９月20日、「賃上げと一体に、労働時間の短縮を」を発表し、このなかで「自由時間拡大推進法」を提唱しました。「人間が大切にされる働き方改革」を大きくバージョンアップしたものとなります。総選挙で大いに語りぬくことをよびかけます。この新しい政策を語るうえで、次の点に留意してほしいと思います。

一つは、「賃上げと一体に」ということをしっかり訴えるということです。この問題では、わが党は、大企業の内部留保の増加分に時限的課税を行い、中小企業への抜本的支援によって、最低賃金を時給１５００円に引き上げる政策を訴えてきました。やはり「賃上げと一体に」ということを強調してこそ、労働時間短縮の訴えが生きてきます。これをぜひつかんでほしいと思います。

いま一つ、労働時間の短縮そのものについては、国民の切実な願いから出発した訴えが大切になります。欧州と比較しても、日本の労働時間は年間約３００時間も長く、「過労死」「メンタル疾患」などが、労働者の命と健康を脅かしています。「自由な時間が欲しい」という声は、長時間労働でヘトヘトにされている労働者にとっても、仕事と家事と育児で睡眠時間を削られている働く女性にとっても、まさに切実な要求として渦巻いています。「男は仕事、女は家事」というあり方をただし、ジェンダー平等を進めるうえでも、労働時間の短縮は不可欠となります。

「自由時間拡大推進法」では、一つに、法定労働時間を「１日７時間、週35時間」に移行するために、国が、中小企業への支援、介護、教育、運輸、建設など人手不足の分野の対策をとること、二つに、「１日８時間労働」さえ崩されている現状をただちに改善するために、残業規制の強化、「サービス残業」など違法・脱法の長時

間労働の根絶を求めています。

『賃上げと一体に、労働時間の短縮を』という新しい訴えは、「人間にとって真に豊かな生活とは何なのか」を問いかけるものへと、わが党の政策を一段と豊かなものにする提案です。働く人が、人間らしい生活を営む「収入」とともに、余暇や趣味を楽しみ、豊かな教養を身につけ、家族との時間を楽しみ、さまざまな社会活動に取り組むための「自由な時間」を持つことができる社会こそ、本当に豊かな社会といえるのではないのか。そういう社会を日本共産党とともにつくろう。こういう訴えを大いに、自由闊達にのびのびと行っていこうではありませんか。

年金・介護・医療の緊急提言——社会の分断のりこえ、高齢者の人権と尊厳を守る

日本共産党は、9月26日、「年金削減、介護の危機、医療改悪をくいとめ、高齢者の人権と尊厳を守るための緊急提言」を発表しました。

この「緊急提言」を発表したのは、物価高騰のもとでの年金の〝目減り〟、介護サービスが受けられない、命と健康を脅かす医療費負担増など、高齢者の暮らしを支える基盤の深刻な〝崩壊〟が起こっているもとで、高齢者の人権と尊厳を守ることが政治の重大な責任になっていることをふまえてのものです。

「緊急提言」は、「物価高騰にふさわしい年金に引き上げる」、「介護基盤の崩壊を止めるために国庫負担割合を10％増やす」、「高齢者いじめの医療費負担増をやめさせ、負担を軽減する」ことを打ち出しています。

わが党のこの提案は、政府や財界が、「高齢者優遇論」など「世代間対立」をあおる宣伝を繰り返しながら、社会保障の制度改悪を繰り返してきたことに対して、「年金・介護・医療の機能不全は若い世代にとっても大変な事態」だと訴え、社会の分断をのりこえ、社会的連帯の力で、高齢者をはじめ、すべての人々の人権と尊厳が大事にされる社会をめざす、日本共産党ならではの提案であり、大いに訴えていくことをよびかけたいと思います。

学費値上げを許さず、「学費ゼロ」をめざし、値下げに踏み出そう

学費値上げが大問題になっているもとで、日本共産党は、10月2日、この問題での緊急アピールを発表する予定です。

自民党政府は、大学予算を削りながら、「教育の質の確保」を理由に学費値上げを促進するという、恥ずべき議論を行っています。いま学生・若者たちが、値上げ反対の声をあげていることに連帯し、学費値上げ反対、「学費ゼロ」をめざしてただちに半額に踏み出すことを強く求めていこうではありませんか。

コメ不足・価格高騰——日本共産党をのばして国民の命の源を守ろう

コメ不足と価格高騰が社会問題となっています。食料自給率の向上を投げ捨て、輸入自由化路線をひた走り、コメの減産を押し付け、農業を市場まかせにしてきた、自民党農政の責任はきわめて重大だと言わなければなりません。

亡国の自民党農政と正面から対決し、食料自給率の向上、輸入自由化路線を止め食料主権を守る、価格保障・所得補償によって持続可能な農業をつくる日本共産党をのばしてこそ、国民の命の源を守ることができる、このことを訴えてたたかおうではありませんか。

日米軍事同盟絶対の「戦争国家」づくりを止め、外交の力で平和をつくる

第三に、日本共産党の躍進は、日米軍事同盟絶対の「戦争国家」づくりを止め、憲法９条を生かした外交の力で平和をつくる一番の力だということです。

「日米同盟」の４文字で思考停止に陥る政治でいいのか

この間、集団的自衛権行使容認、相手国の領土を攻撃する長射程ミサイルの配備、ＧＤＰ比２％への大軍拡、武器輸出の解禁、日米の指揮・統制の一体化など、これまで憲法９条のもとで「できない」とされてきたことが、次々に強行されています。石破新体制のもとで、この暴走が加速する危険性があります。

それらの唯一、最大の「理由」とされているのが「日米同盟の強化」です。「日米同盟」この４文字が唱えられると、思考停止に陥ってしまう政治が、日本の政界にまん延しています。唯一の戦争被爆国でありながら、核兵器禁止条約に背を向け、「核抑止」を強化する情けない姿勢の根本にも「日米同盟」絶対の政治があります。沖縄県民の民意を踏みつけにして辺野古新基地建設を強行し、ついに少女に対する性的暴行事件をはじめ、米兵の性犯罪を隠ぺいするまで道義的にも堕落した根本にも、「日米同盟」絶対の政治があります。これでいいのかを正面から問う選挙にしていこうではありませんか。

軍事同盟の強化は、軍事対軍事の悪循環を招き、世界を対立するブロックに引き裂きます。国民には、際限のない軍備の拡張と、戦争の危険と隣り合わせの日常を強いることになります。この道では決して平和はつくれません。日本共産党は、軍事同盟を〝神聖不可侵〟とみなし、その強化をはかることに、断固反対を貫きます。

軍事同盟絶対で憲法を壊し、平和も暮らしも脅かす「戦争国家」づくりにストップの審判を日本共産党の躍進で、と訴えぬいていこうではありませんか。

アジアでもヨーロッパでも平和の連帯を広げる日本共産党をのばそう

世界を大きく見るならば、軍事同盟にたよらずに、外交で平和をつくろうという動きがあります。日本共産党は、そうした未来ある動きと協力、連帯して、アジアと世界に平和をつくる活動に力をそそいできました。

一つは、ＡＳＥＡＮ（東南アジア諸国連合）との協力です。ＡＳＥＡＮは、紛争の平和的解決を定めた条約を土台に、徹底した対話を積み重ね、かつて戦乱に覆われていたこの地域を平和の共同体に変えました。さらに平和の流れを域外に広げ、ＡＳＥＡＮ10カ国に加え、日本、中国、アメリカを含む18カ国で構成される東アジアサミットを活用・発展させ、東アジアの全体をＡＳＥＡＮのような戦争の心配のない平和な地域にしようという大構想を明らかにしています。４月17日、日本共産党は、ＡＳＥＡＮ諸国との繰り返しの交流を踏まえて、ＡＳＥＡＮと協力して東アジアの平和構築をすすめる「東アジア平和提言」を提唱し、国内外でこれを推進してきました。ブロック政治に反対し、包摂的な平和の枠組みを発展させることが、わが党の「提言」の核心となっています。

ヨーロッパはどうでしょうか。ウクライナ侵略を契機に、この大陸でも、ＮＡＴＯの拡大・強化という大逆流が進んでいます。しか

し、軍事同盟強化という大きな困難のもとで、これにキッパリ反対して奮闘している仲間も存在しています。8月末～9月、志位議長が欧州を歴訪し、欧州左翼党、ドイツ、ベルギー、フランス、イギリス、イタリア、スウェーデンなどの左翼・進歩諸党との会談・交流を行いました。「ユーラシア大陸の東と西で行われている軍事同盟強化に連帯して反対しよう」「核兵器禁止条約を共同で推進しよう」という、わが党の呼びかけに対して、どこでも固い一致が得られました。

アジアでも、ヨーロッパでも、憲法9条を生かした平和外交を行い、平和の連帯を広げている政党が日本に他にあるでしょうか。日本共産党の躍進が、平和への希望を開くということを胸を張って訴えようではありませんか。

気候危機打開――試金石は石炭火力と原発への態度

第四に、日本共産党の躍進は、気候危機から人類の生存を守り、日本国民の命と暮らしを守るうえでも、大きな力となります。

気候危機の打開は、日本国民にとっても待ったなしの課題となっています。猛暑や豪雨災害が命を危険にさらし、農業や水産業にも大きな被害を与えています。

この問題の試金石は、石炭火力と原発にどういう態度をとるかにあります。日本は、G7で、唯一、石炭火力からの撤退期限を明示しない国として批判をあびています。福島での大事故にもかかわらず、「クリーンエネルギー」などと称して原発回帰をすすめ、危険な老朽原発の稼働、原発の新増設まですすめようとしています。

一方で、再生可能エネルギーは大きく立ち遅れ、電力の比率は24%です。イギリス45%。ドイツ54%。カナダ66%から大きく立ち遅れています。しかも、大手電力会社は、「電力供給が余る」として再エネ電力を抑制しています。石炭火力と原発に頼るために、再エネを「邪魔者」扱いするという逆行が起きていることは重大だと言わなければなりません。

日本共産党は、「気候危機を打開する2030戦略」で、2030年度までに省エネと再エネへのシステム転換で、二酸化炭素排出を50～60%削減（2010年度比）し、2050年度には実質ゼロという戦略を明らかにしています。「原発はすみやかにゼロ」、「石炭火力は30年までにゼロ」が、日本共産党の政策です。

電力業界や財界からの企業・団体献金とは無縁で、利権政治に切り込んできた日本共産党の躍進こそ、石炭火力ゼロ、原発ゼロ、気候危機打開の政治に変える大きな力になる。このことを大いに訴えぬいていきましょう。

日本共産党をのばし、ジェンダー平等を求めるムーブメントをともに進めよう

第五に訴えたいのは、日本共産党をのばし、ジェンダー平等を求めるムーブメントをともに進めようということです。

この間、男女賃金格差の公表、「不同意性交等罪」を創設した改正刑法、同性婚を認めないのは違憲とする高裁判決、痴漢撲滅に向けた施策の前進、日本経団連が選択的夫婦別姓を政府に求めるまでになるなど、日本社会のさまざまな分野でジェンダー平等への大きな流れが広がっています。

このもとで、ジェンダー平等の

最大の妨害者が自民党政治であることが、いっそう明らかになっているのではないでしょうか。選択的夫婦別姓が国民の圧倒的世論になりながら、自民党はこの課題を先送りにし続けてきました。明治憲法下の家父長的家族観に立ってこの課題に抵抗する勢力がその最大の妨害者となっています。女性が多い非正規雇用に対する差別、コース別人事制度などの間接差別をなくすことなしに、賃金格差の是正はできません。しかし、自民党政治は、間接差別の存在を認めないどころか、間接差別が何かを理解することもできません。

差別と不公正に声を上げ、ジェンダー平等を求めるムーブメントをともに進めましょう。ジェンダー平等を妨げている自民党政治に審判をくだし、私が私を大切にできる世の中にしていくためにも、日本共産党の躍進を、と大いに訴えていこうではありませんか。

10月、ジュネーブで、国連の女性差別撤廃委員会による日本報告審査が、８年ぶりに行われます。日本が女性差別撤廃条約の選択議定書を批准していないことが焦点の一つとなります。すでに１１５カ国が批准し、ジェンダー平等を進める大きな力となっています。選択議定書には、条約が保障する権利が侵害されたときに、国連差別撤廃委員会に通報して救済を申し立てることができる「個人通報制度」がありますが、政府が批准しないために、日本の女性は差別撤廃条約に違反する差別を受けても国連に「通報」ができません。選択議定書の早期批准を求めていこうではありませんか。

三、市民と野党の共闘の現状と日本共産党の立場

次に、市民と野党の共闘の現状と日本共産党の立場について報告します。わが党は、市民と野党の共闘の再構築のために、一貫して努力を重ねてきました。しかし、今回の総選挙では、立憲民主党によって共闘の基盤が基本的に損なわれているという状況があります。

安保法制廃止が明瞭でなくなるなら、共闘の土台が根本から損なわれる

その最大の問題は、安保法制＝戦争法に対する態度です。立憲民主党の野田新代表は、安保法制を「すぐには廃止できない」「違憲部分の検証が必要だ」などと、存続に道を開く発言をしています。しかし、市民と野党の共闘は、安倍政権による集団的自衛権行使容認と安保法制の強行を、立憲主義の破壊として批判し、安保法制を廃止し立憲主義を回復することを、共闘の「一丁目一番地」に一貫してすえてきました。立憲主義の破壊は、個々の政策課題とは次元を異にする重大問題であり、個々の政策課題で立場が異なっても、まずは立憲主義回復で力をあわせようと、これが市民と野党の共闘の

論理でした。この立場が明瞭でなくなるならば、共闘の土台が根本から損なわれることになります。

これは決して過去の問題ではありません。現在、「安保3文書」にもとづいて進められている軍事同盟強化と大軍拡は、安保法制の具体化・実践として位置づけられているものです。安保法制の存続を容認するならば、現在、石破新体制のもとで進められようとしている大軍拡と改憲に正面から立ち向かうことができなくなることを厳しく指摘しなくてはなりません。

くわえて、野田代表が、「政権を共産党と一緒に担うことはできない」と発言していることも看過できません。わが党は、2015年9月に、「国民連合政府」を提唱していらい、一貫して連合政権の問題を重視してきました。それは、野党が連合政権をつくることなしに、安保法制の廃止、立憲主義の回復をはかることはできない

からにほかなりません。2021年の総選挙で、「限定的な閣外からの協力」の合意を交わしたことは、積極的意義をもつものであり、立憲民主党との関係では、この合意が公党間の合意となります。それを一方的に覆し、政権協力から日本共産党を排除する態度をとることは容認できません。

さらに、野田代表は、日本維新の会などとの協力を追求する姿勢を示しています。維新の会は、自民党政治の最悪の補完勢力であり、改憲をあおり立て、「日本共産党は日本からいなくなったらいい」とまで言う政党です。維新の新たな発展の流れをつくろう、日本共産党の躍進こそその最大の力となるということを訴えて、この総選挙をたたかいぬいていこうではありませんか。

であることを広く国民に訴えぬいていきましょう。

日本共産党は、日本社会の民主的変革を統一戦線で進めることを綱領的立場にしている党です。この立場から、市民と野党の新たな発展の流れをつくろう、日本共産党の躍進こそその最大の力となるという立憲民主党の共闘と両立し得ません。

日本共産党の躍進で、市民と野党の共闘の新たな発展の流れをつくろう

立憲民主党が、市民と野党の共闘が積み重ねてきた到達点、両党間の合意を否定しているもとで、今度の総選挙での両党間の共闘の条件は基本的には損なわれたといううことを、率直に表明しなければなりません。この立場から、わが党は、小選挙区にも最大限候補者を立てて、勝利のために奮闘することを表明します。沖縄は「オール沖縄」の全員勝利のために全力でたたかいましょう。また、地域

によってはこれまでの経緯などを踏まえて対応することはあり得ますが、限定的にならざるをえないと言わなければなりません。

今度の総選挙で全党のみなさん。この総選挙では、「比例を軸」に日本共産党を躍進させることに、あらゆる力を集中し、全国のみなさんが心を一つに、必ず躍進をかちとろうではありませんか。日本共産党の躍進の成否こそが、自民党政治を変えることができるかどうかのカナメ

四、日本共産党綱領の生命力、未来社会の魅力を大いに語りぬこう

総選挙の比例代表選挙は、政党名での選挙となります。選挙勝利のためには、政策的訴えとともに、日本共産党綱領の生命力、私たちがめざす未来社会の魅力を大いに語り、積極的支持者を増やし、「比例は日本共産党」を広げぬくことがどうしても必要となります。この点でも大会後の活動が大きなチャンスをつくりだしてきていることを強調したいと思います。

「共産主義と自由」を学び語り合う大運動に、大志とロマンをもってとりくもう

第一は、大会決定にもとづき、『共産主義と自由』を学び語り合う大運動」が始まり、このテーマで広く国民の願いと響きあう手ごたえをつかみつつあることです。

志位議長の『Q&A　共産主義と自由』は、マルクスの未来社会論の一番の輝き――「人間の自由」、「人間の自由で全面的な発展」に光をあて、「共産主義には自由がない」というイメージを百八十度変え、「共産主義こそ『人間の自由』が花開く社会」であることを全面的に明らかにしています。そのさい、「自由に処分できる時間」（「自由な時間」）の意義を太くすえ、「資本主義的な搾取で奪われているものは、モノやカネだけでなく、『自由な時間』だ」「奪われている時間を取り戻し、拡大し、万人に十分な『自由な時間』を保障する社会こそ、社会主義・共産主義だ」というマルクスの理論に光をあてたことが、多くの人々の「自由な時間が欲しい」という実感にも響き合うものとして強く歓迎されています。それは未来社会になって初めて問題になることではなく、現在の労働時間短縮のたたかいとも地続きでつながっていることも重要な点となります。

ここには、日本共産党のめざす未来社会の魅力を多くの人々に広げていく大きな鉱脈があります。この間、全党で「共産主義と自由」の学習をすすめるとともに、街頭宣伝、シールアンケートでの対話などが始まり、新鮮な反応がよせられています。街頭で本が次々に売れるなどの反応も相次いでおり、現在、『Q&A』の本は８刷・４万６０００部の印刷となっています。この「大運動」を戦略的課題に位置付けて選挙戦をたたかうならば、日本共産党という名前に誇りと確信をもって「比例は共産党」と広げることができます。『Q&A　共産主義と自由』を全党員が学んで、大志とロマンをもって語る選挙にしていこうではありませんか。

欧州歴訪の成果をつかみ、選挙勝利に生かそう

第二に、9月18日に行った志位議長の欧州訪問の報告が、世界の平和と社会進歩への前向きの動きをつかみ、日本共産党の国際政治における役割への確信、党綱領路線の生命力への大きな確信になっていることです。

「欧州歴訪報告会」を視聴した全国の党員からは、「党の野党外交がこのように発展して生きていることに感激しています」（埼玉）、「東アジア平和提言や自由論など綱領路線が世界の流れと響きあうこともよくわかり、綱領への確信がいっそう深まった」（北海道）など、感動と確信に満ちた感想が多数よせられました。日本改革の事業、総選挙での党躍進への決意が躍動的に語られているのも共通する特徴となっています。

私も報告を聴いて胸躍る思いでした。何より、軍事同盟強化に反対し、核兵器禁止条約を推進する国際連帯を、ユーラシア大陸の東と西で進めていることに、日本の変革の事業をよりダイナミックに国際的視野でとらえることができました。発達した資本主義国である欧州で、社会主義・共産主義を展望した真剣な理論交流が行われた、このことに感動しました。また欧州における社会的ルールが、労働者と国民の長年のたたかいによってつくられてきたことに、日本もこれに続いていこうじゃないかと決意を新たにしました。胸躍ること間違いありません。「欧州歴訪報告会」をぜひ時間を惜しまずに視聴してほしいと思います。その成果をつかんで、総選挙勝利の力として生かすことを心からよびかけるものです。

五、「比例を軸に」――「総選挙必勝大作戦」をよびかける

「比例を軸に」――得票目標達成を正面にすえつつ、議席を確実に積み上げる

総選挙をたたかう方針として、重ねて強調したいのは、「比例を軸に」を貫くことです。

そのさい、比例ブロックごとに、これまでの選挙でのわが党の比例票の到達点を、党と後援会の共通の認識にし、攻勢的なたたかいにしていくことが重要です。

直近の国政選挙である2022年の参議院選挙では、わが党が比例代表で獲得した票は、361万8千票、得票率6・8％でした。

今度の総選挙での定数の変動をふまえて、比例ブロックごとに、この比例票をあてはめて獲得議席の試算を行いました（配布資料）。22年の得票を固定的に見ることはできませんが、わずかな得票減で現有議席を失うところ、わずかな差で議席増となるところ、議席増のためにはかなりの奮闘が必要なところなど、比例ブロックごとの

特徴をリアルにとらえることが重要です。

比例代表選挙は、ブロック全体の得票目標が大きく見えるかもしれませんが、一支部あたりでみれば、数十票という僅差で勝負がわかれる文字通りの一票を争う大激戦です。各比例ブロックの得票目標、議席目標をやりきることを正面にすえつつ、22年参院選での到達点を党と後援会のリアルな共通認識として、議席を確実に積み上げるたたかいをやりぬくことを強く訴えるものです。

「比例を軸に」を言葉だけでなく実際の活動のなかに貫いて、「６５０万票、10％以上」、全ブロックでの議席獲得・議席増にむけて頑張りぬきましょう。すべての支部が得票目標、支持拡大目標を決め、「全国は一つ」「ブロックは一つ」で、目標をやりぬくための宣伝・組織活動に全支部が立ち上がり力をつくすことを心からよびかけるものです。

「総選挙必勝大作戦」をよびかける

総選挙の公示日までに躍進の流れをつくりだすことは、勝利にとって絶対不可欠となります。そこで、今日を新たな起点に、公示が予想される10月15日までに、選挙勝利に不可欠な諸課題をやりぬく「総選挙必勝大作戦」をよびかけます。

全有権者規模の大量宣伝に打って出よう

第一は、全有権者規模の大量宣伝に打って出ることです。声が自由に出せる公示日前日までに、世帯比での目標をもって「声の宣伝」にとりくみましょう。ハンドマイク、宣伝カーをフル稼働させ、マイ宣伝カーの試みもおおいに広げて、党の元気な姿を列島のすみずみに届けましょう。党押し出しポスターを１００％張り出しましょう。

「しんぶん赤旗」10月号外を最大限のスピードで作成しています。号外が届いたら、ただちに読み合わせ、一枚残らず配布しましょう。

労働者向けフライヤー、学生向けフライヤーがまもなく届きます。大学門前、職場門前、トワイライト宣伝、お帰りなさい宣伝など、労働者、青年・学生、真ん中世代に働きかけを強めていきましょう。

一つ一つの演説会を成功させ、諸課題を飛躍させる跳躍台へとしましょう。

国民とともにたたかう選挙と一体に、党づくりでも必ず前進を

第二は、この総選挙を、国民とともにたたかう選挙にし、それと一体に、党づくりでも必ず前進をかちとるということです。

今日の政党状況のもとで、さまざまな市民運動・国民運動に参加していた人々の間で、日本共産党を自発的に応援する新たな流れが生まれています。「今度ばかりは共産党」という声ですね。これまでにない規模での「国民とともにたたかう選挙」への開拓的な挑戦をしようではありませんか。創意的な楽しい選挙、国民とともにたたかう楽しい選挙にしていく、ここにも挑戦していきましょう。

支部が行う組織戦の基本は、「折り入って作戦」の発展・強化です。後援会ニュースを活用し、全国３００万人の後援会員、85万人の「赤旗」読者に総当たりし、担い手を広げて、得票目標数を超える対話・支持拡大を公示日までにやりぬきましょう。分野別後援会との協力を重視しましょう。党員・読者がＬＩＮＥでつながって

いる方々に、党の発信を広げてもらう協力を大規模によびかけましょう。中央として、「折り入って作戦・LINE活用経験交流会」を開催します。

「折り入って作戦」と一体に党勢拡大の独自追求を進めましょう。「共産党の支持を広げてほしい」というよびかけと一体に、入党のよびかけを独自に追求しましょう。訪問先でのミニ「集い」、世代的継承を意識した取り組みなど、入党の働きかけを意識的にすすめていきましょう。見本紙を活用し、日曜版読者には日刊紙購読を、支持者、後援会員には日曜版の購読を訴え、「しんぶん赤旗」読者の上げ潮をつくって公示日を迎えようではありませんか。

SNSの発信、ボランティアの組織、募金への協力を一体で強めましょう。各県でボランティアセンターを立ち上げて、担当者・窓口を決め、SNSや街頭宣伝でおおいにボランティアの協力をよびかけましょう。街頭演説の写真や動画を自分で編集して広げるなどSNSの自発的発信の広がりをつくることを重視して、ショート動画などで候補者の姿を発信してもらいましょう。また、募金は主権者としての意思表示であり大切な政治活動の一つと位置付けて、募金への協力を攻勢的に訴えていきましょう。

民青同盟への援助を絶対に中断することなく強化し、政治を変える主人公として青年が輝く選挙にしましょう。青年・学生党員を増やし、党の未来を開く選挙にしていこうではありませんか。

小選挙区での積極的擁立の条件を生かし、日本共産党躍進のうねりを

第三に、小選挙区での積極的擁立の条件をフルに生かし、日本共産党躍進の流れをつくりだすことです。今度の総選挙では、小選挙区に最大限候補者を擁立するとの方針のもと、30日現在２０９人の候補者を決定しています。さらに擁立を進める方針で、前回総選挙の約2倍となります。

20代～70代、地方議員として奮闘してきた同志、医療・介護などのケア労働を担ってきた同志、女性運動や市民団体で活躍してきた同志、新たに入党して党の前進のためにと決意した若い同志など、個性豊かで多面的な力を発揮できる方々です。どの候補者も、国民に堂々と支持をよびかけることのできる政治家です。

総選挙をたたかう基礎単位は小選挙区であり、小選挙区候補者が、それぞれの個性を生かして日本共産党を語ることが、比例での党躍進の大きな力となります。比例候補者とともにすべての小選挙区候補者が「比例は日本共産党」を全国津々浦々に届ける先頭に立つことを、心からよびかけるものです。そして、小選挙区候補のみなさんも有権者に堂々と、「私を国会へ」と訴えましょう。

比例候補、小選挙区候補が「チーム日本共産党」となって、心ひとつに躍進をかちとる先頭に立つことを心からよびかけるものです。頑張りましょう。

支部・グループも、党機関・議員団も、ただちに強力な臨戦態勢を

第四は、支部・グループも、党機関・議員団も、ただちに強力な臨戦態勢を確立することです。

勝利の最大のカギは、すべての支部が得票目標・支持拡大目標を決め、総決起することにあります。3中総報告をただちに討議し、全支部・全党員が一気にたちあがることを心から訴えます。支部会議を毎週開催し、センターやたまり場を確保して連日結集し、すべての党員との連絡・連帯網を強め、「たちあがらざる党員なし」の選挙にしていこうではありませんか。

第3回中央委員会総会　田村委員長の幹部会報告

党大会後の全党の努力をいまこそ
総結集し、花開かせよう

全党のみなさん。私たちは、第29回党大会後、大会決定にそって、強く大きな党づくりへと日々努力を重ねてきました。

党大会決定の読了・討議、「東アジア平和提言」、「共産主義と自由」など、大会決定のさらなる政策的・理論的発展を学び語る努力は、日本共産党が今日の日本と世界でかけがえのない役割を発揮しているとともに、未来ある党だという確信を培っています。

党大会後、目標には届いていませんが、新しい入党者は3700人を超えています。「しんぶん赤旗」が3代続けて総理大臣を退陣に追い込み、国民的な注目を集めていることも、全党の草の根の活動があってのことです。2中総の「手紙」は、8割を超える支部が討議し、5割近い支部が「返事」を寄せ、新たな決意で党づくりの挑戦に踏み出す流れをつくりだしています。

党機関の役員が小選挙区候補として奮闘するところもあります。党機関、自治体・行政区の補助指導機関は、臨時の選挙専従、選挙ボランティアなど、もてる力を総結集して、ただちに臨戦態勢をつくりあげましょう。

9月7日に開催された全国地区役員講座が、地区役員が、支部に入り、支部のエネルギーを引き出し、総選挙候補者と心ひとつに、自らの選挙としてたたかいぬくうえで大きな力となっています。講座を力に、8700人の地区役員が支部と一丸となってたたかう選挙戦にしていきましょう。

全国2300人の地方議員・議員団が、総選挙候補者と心ひとつに、自らの選挙としてたたかいぬこうではありませんか。

党大会以来、みんなの大奮闘で培ってきた力をいまこそ総結集し、花開かせ、総選挙勝利を必ずつかみとろうではありませんか。

私も先頭に立つ決意を申し上げて報告を終わります。ともに頑張りましょう。

（「しんぶん赤旗」2024年10月1日付）

第3回中央委員会総会
田村委員長の結語

2024年9月30日

討論の結語をおこないます。

討論では17人が発言しました。どの発言も、そしていま随時寄せられている感想も、大変、報告を積極的に受けとめた、意気高く、明るく確信に満ちたものばかりです。総選挙に向けた総決起としてふさわしい3中総になったということを、まずお互いに確信にしたいと思います。（拍手）

私たちがこの3中総・全国決起集会を開いている同じタイミングで石破茂新総裁が、衆議院を解散し10月27日投開票で総選挙をおこ

なうことを表明いたしました。まさに報告でのべた通りの党利党略タイミングで、"迎え撃つ"という団結を勝ち取ることができた。まさに適切なタイミングで3中総をおこなうことができた。そして、この3中総・全国決起集会が大変適切なタイミングで開かれているということを強調したいと思います。もちろん新総裁が決まる前に開くわけにはいきません。しかしこれが1日、あるいは2日というふうにずれていくという

ことは、論戦から逃げ回る自民党の行き詰まりが明確に表れているのではないでしょうか。（拍手）

また、その内容も実に的確な内容で、確信を持って元気に立ち上がることができる。まさに日本共産党の躍進を勝ち取るという決意を固めましょう。

それだけに、一刻を争って本日の報告の中身を全支部、全党員に

できる時に、そしてこうして解散・総選挙を表明するという同じタイミングで、"迎え撃つ"という団結を勝ち取ることができた。にせず、臨戦態勢をとって日々活動を発展させ、やりぬいていこうではありませんか。10月27日までの期間、全力で走り抜けて、必ず日本共産党の躍進を勝ち取るという決意を固めましょう。

以上で討論の結語としたいと思います。ともに頑張りましょう。必ず勝ち抜きましょう。（拍手）

一気に徹底することを呼びかけます。そして、「総選挙必勝大作戦」を呼びかけましたが、1日もムダ

党の躍進を勝ち取らずしてどうするかという内容での意思統一ができたと思います。

（「しんぶん赤旗」2024年10月2日付）

第3回中央委員会総会について

2024年9月30日　日本共産党中央委員会書記局

一、日本共産党第3回中央委員会総会は9月30日、「総選挙勝利・全国決起集会」として、党本部と47都道府県の会場をオンラインで結んで開かれ、中央委員174人、准中央委員24人が参加した。

一、総会では田村智子幹部会委員長が幹部会報告を行った。報告は冒頭、総選挙をたたかう基本姿勢として、頑張りいかんでは日本共産党躍進のチャンスの選挙であることをつかんで奮闘すること、「比例を軸に」を貫くとともに、党づくりでも必ず前進をかちとることを呼びかけた。

報告は、総選挙での党躍進の国民的意義について、①腐敗政治を一掃して政治に信頼を取り戻す、②大企業・大金持ち優遇から暮らし優先へと政治を変える、③日米軍事同盟絶対の「戦争国家」づくりを止め外交の力で平和をつくる、④気候危機を打開する、⑤ジェンダー平等を求めるムーブメントをともに進める――の五つの柱で解明した。また、市民と野党の共闘の現状と党の立場を明らかにし、日本共産党綱領の生命力と未来社会の魅力を語りぬくことの重要性を強調した。

総選挙をたたかう方針としては、比例ブロックごとに得票目標達成を正面にすえつつ、議席を確実に積み上げるたたかいをやりぬこうと訴え、10月15日の公示日までに選挙勝利に不可欠な課題をやりぬく「総選挙必勝大作戦」を提起した。

最後に、第29回党大会後の強く大きな党づくりや政策的・理論的発展を学び語る努力を総結集し、花開かせ、総選挙勝利を必ずつかもうと全党に訴えた。

一、総会では17人が討論し、幹部会報告の内容を深め、総選挙勝利へ奮闘する決意を表明した。

一、田村智子委員長が討論の結語を行った。

一、総会は、幹部会報告と結語を全員一致で採択した。

一、総会は、総選挙での躍進を必ずかちとる奮闘を誓い合って閉会した。

（「しんぶん赤旗」2024年10月1日付）

—M E M O—